AF262472

LES
EAUX THERMALES
DE LEZ

PAR

Edw. BARRY

Professeur d'histoire à la Faculté de Toulouse.

~c⟨oxc⟩o~

TOULOUSE
TYPOGRAPHIE DE BONNAL ET GIBRAC
RUE SAINT-ROME, 46.

1857.

LES EAUX THERMALES

DE LEZ

A L'ÉPOQUE ROMAINE.

On ignore si généralement l'existence des bains actuels de Lez , situés à l'entrée de la vallée d'Aran (Espagne), à quelques kilomètres seulement de la frontière française, que l'idée n'est encore venue à personne de rechercher si ces bains étaient déjà connus et fréquentés à l'époque romaine. M. l'abbé Greppo, qui a consacré à l'étude des établissements thermaux de la Gaule antique un livre spécial, d'une érudition saine et judicieuse comme tout ce qu'il écrit, ne les cite pas même dans la liste des lieux où il croit retrouver, à défaut de preuves directes et positives, les apparences ou les vestiges de thermes anciennement fréquentés (1); et j'ai pu me convaincre, par quelques recherches attentives, que la plupart des ouvrages qui traitent de l'histoire et des antiquités des Pyrénées, que ceux même, en assez petit nombre, qui sont consacrés spécialement à la vallée d'Aran, sont aussi peu explicites à cet égard (2).

(1) *Etudes archéologiques sur les eaux thermales et minérales de la Gaule à l'époque romaine.* Paris, Leleux, 1846.

(2) Je me contenterai de citer une notice statistique et administrative en espagnol, devenue fort rare et qui porte pour titre : *Relacion al rey don Philipe III, nuestro senor... por el D. don Juan Francisco de Gracia de Tolba.* Madrid, 1793. Expilly (*sub voce Lez*) et la plupart des dictionnaires

Rien n'indique, il est vrai, que les eaux thermales de Lez aient jamais atteint le degré de réputation auquel s'étaient élevés, dès le premier siècle de l'Empire, dans la vallée voisine de la Pique, les thermes des Onésiens (les eaux thermales de Luchon), auxquels Strabon appliquait l'épithète de magnifiques, justifiée aujourd'hui par le nombre et l'importance des découvertes qui y ont été faites à diverses époques, et dont il déclarait les eaux aussi salutaires comme breuvage que comme bains (1). Cette espèce d'infériorité, dont les sources thermales de la vallée d'Aran paraissent n'être jamais complètement sorties, s'expliquerait en partie par la température peu élevée de leurs eaux, qui sourdent à travers des couches schisteuses, friables et souvent disloquées. Ce que l'on peut affirmer au moins, en s'autorisant de découvertes récentes, beaucoup moins connues qu'elles ne méritent de l'être, c'est que, dès le deuxième et le troisième siècle de notre ère, elles avaient attiré l'attention des populations du voisinage, celtiques ou aquitaines de race, et qu'elles

géographiques français ignorent même que le village de Lez et la vallée d'Aran aient jamais possédé des eaux thermales, et je remarque comme une chose assez caractéristique que leur nom n'est pas cité non plus dans le *Guide aux eaux Minérales d'Europe*, du docteur Constantin James, 3e édition.

(1) τὰ τῶν Ὀνησίων θερμὰ κάλλιστα ποτιμωτάτου ὕδατος (Strab., lib. IV, pag. 190). C'est là, suivant nous, le vrai sens du complétif ποτιμώτατου ὕδατος, dont la portée n'a pas été saisie par les traducteurs latins ou français. Quant à l'opinion, ancienne déjà (elle est citée par H. de Valois, *sub voce Onesii*) qui place à Luchon les thermes des Onésiens, nous l'admettons avec plusieurs des archéologues contemporains, sinon comme certaine, au moins comme plausible.

étaient déjà citées avantageusement parmi les eaux thermales qui essayaient à des titres divers de balancer la vieille popularité et la vogue toujours croissante des thermes onésiens.

Quoique nous n'ayons pu obtenir sur les lieux que des renseignements très généraux et très vagues sur le résultat des fouilles opérées lors de la reconstruction récente de l'établissement des bains (1834-1835) ; nous trouverions déjà des arguments ou au moins des inductions à l'appui de cette assertion dans les débris de divers genres que l'on a découverts à cette époque au milieu des substructions antiques (1). A défaut d'autre preuve, ils nous révèleraient seuls l'existence d'un foyer de population sédentaire ou nomade que quelque intérêt spécial devait, dès cette époque, attirer ou fixer à l'issue de la source thermale. Mais nous aimons mieux invoquer le témoignage d'inscriptions gallo-romaines découvertes parmi ces débris dont elles formaient de beaucoup la partie la plus intéressante, inédites encore, si nous ne nous trompons, et qui nous paraissent de nature à ne laisser ni doute, ni hésitation dans les esprits les plus prévenus en matière d'*archéologie* (2).

(1) On m'a assuré que ces débris de tuiles, d'amphores et de poteries brunes, avaient été découverts à une grande profondeur ; ce qui semblerait indiquer, dès cette époque, une certaine difficulté à capter les eaux, à les trouver pures et chaudes au moins.

(2) La seule notice qui existe, à ma connaissance au moins, sur les eaux thermales de Lez, est celle de 1843, qui est exclusivement chimique et thérapeutique. (*Notice analytique sur les eaux thermales de Lez*, Saint-Gaudens, Abadie, 1843). On m'a bien parlé d'une notice d'un autre genre qui toucherait, à ce que l'on m'a dit (je ne tiens ce renseignement que d'une seule personne), aux antiquités du village et des bains. Mais les recher-

Quant à l'objection préjudicielle que l'on voudrait tirer de la position géographique de ces bains eux-mêmes, étrangers en apparence à la Gaule, puisqu'ils sont situés à l'entrée de la vallée d'Aran qui fait partie aujourd'hui du territoire espagnol, nous nous contenterons de faire remarquer que la confiscation de la vallée d'Aran par les rois d'Aragon est un événement relativement récent, dont la date et l'histoire nous sont parfaitement connues (1). Soumis politiquement et administrativement à

ches que j'ai faites à Paris (bibliothèque impériale); à Toulouse, dans les diverses Sociétés littéraires ou médicales de la ville ; sur les lieux, par l'intermédiaire de M. l'abbé Cazaux, curé de Saint-Béat, et de mon ami, M. Morel, que je remercie ici de leur concours empressé, dans la famille même de feu M. le baron de Lez, fondateur de l'établissement actuel, n'ayant abouti à rien, j'ai toute raison de croire que l'indication que l'on m'a fournie reposait sur une confusion de nom ou sur un souvenir inexact. Ce qui est positif, c'est que les inscriptions que nous publions ne figurent dans aucun des recueils d'épigraphie anciens ou mofdernes, partiels ou généraux, que nous ayons pu consulter ici.

(1) Tout le monde sait que ce fut Alphonse, roi d'Aragon, qui mariant sa cousine Béatrix, nièce du comte Centulle de Bigorre, à Gaston vicomte de Béarn, auquel elle apportait en dot le comté de Bigorre, s'appropria, par une clause expresse du contrat de mariage, le domaine de la vallée d'Aran, qui appartenait à Béatrix du chef de son père, Bernard de Comminges. « Expressim retineo mihi » et meis et proprietati meæ et successorum meorum » totam vallem et terram quæ dicitur Aran..... » Cum constet prædictam terram vallis Aran ad » ipsum comitatum nihil omnino pertinere. » (V. P. de Marca, Marc. Hispan. p. 66, et Hist. Benearn, C. IX, p. 496).

l'Espagne depuis le douzième siècle, ce territoire n'en a pas moins continué à relever au spirituel de l'ancien évêché de Comminges, dont il a fait partie jusqu'à une époque toute récente, jusqu'à la révolution française (1), et l'on pourrait induire de ce fait seul qu'il faisait au même titre partie de l'ancien territoire des Convènes (*Civitas Convenarum*); c'est-à-dire, en d'autres termes, qu'il appartenait à la *Gaule romaine* au même droit et de la même manière que lui appartenaient toutes les vallées situées sur le versant septentrional de la chaîne, en deçà du *divergium* ou de la ligne de partage des eaux que les Romains admettaient généralement comme limite des nationalités et comme démarcation des territoires (2).

(1) Le curé Jean Lastrade, auteur d'une petite histoire de l'évêché de Comminges, faisant suite à sa Translation d'une relique de St-Bertrand, Toulouse, 1742, p. 135, écrivait en 1742 : « Il y a dans tout le diocèse 222 églises paroissiales, dont 22 sont dans les Etats du roi d'Espagne qui composent la vallée d'Aran. » Et le père Pomian répète à plusieurs reprises cette assertion dans son histoire manuscrite du Comminges chrétien, St-Gaudens, 1788.

(2) Voy. sur cette persistance des circonscriptions territoriales des *civitates* gallo-romaines, acceptées et maintenues presque partout par le christianisme, les ouvrages de Pierre de Marca (*Hist. Benearn; Limes hispanic.; concordia, passim*) et l'*Essai sur le système des divisions territoriales de la Gaule*, de M. Guérard, qui a récemment éprouvé et vérifié l'exactitude de ce principe fécond de géographie historique. Je remarque, à l'honneur du savant archevêque de Toulouse et de Paris, défenseur aussi redoutable des droits de l'Eglise de France que de l'intégrité territoriale du royaume, que c'est à lui qu'appartient la démonstration la plus claire et la plus concluante de cet autre prin-

Deux des inscriptions dont nous venons de parler sont dédiées d'une manière générale aux Nymphes, c'est-à-dire aux divinités bienfaisantes de la source ou des sources qui sourdent au pied de la montagne. Elles sont gravées toutes les deux et gravées avec une certaine élégance, sur de très petits autels analogues par leurs dimensions et leur aspect général à ceux que l'on a trouvés en si grand nombre dans les substructions des thermes antiques de Luchon. Nous ajouterions, si nous avions plus de foi nous-même aux inductions que l'on peut tirer du caractère et des formes épigraphiques de l'écriture, lors même qu'on les a étudiées comme nous venons de le faire, avec quelque soin et en se renfermant dans une circonscription déterminée, qu'il serait difficile, en s'en tenant aux règles établies, de les reporter chronologiquement au delà du commencement du deuxième siècle, ou en deçà de la première moitié du troisième.

NYMPHIS
PRO SALVTE
LEXEIAE
VSLM   (1)

A défaut du nom du donateur, on est forcé de compléter ici d'une manière vague les sigles de

cipe de géographie qu'il désignait lui-même sous le nom de « Regula a divergiis aquarum petita » (Marca, *Hispan.*, p. 5 *et pass.*). Il cite, comme un argument à l'appui de cette théorie, le fait significatif, en effet, que c'est en Aquitaine que le géographe Ptolémée place la source πήγην de la Garonne (*ib.*, *ib.*, p. 5.)

(1) Le petit autel de marbre blanc de St-Béat, sur lequel est gravée cette élégante légende, et qui fait aujourd'hui partie de la remarquable collection de M. Victor Cazes, à Saint-Bertrand, n'a que 17 centimètres de hauteur totale. La *pagina laevigata* ne mesure que 7 centimètres de hauteur sur 7 centimètres de largeur.

la dédicace (*votum solutum lubens merito*), et de
traduire : « Aux Nymphes, pour la guérison de
Lexeïa, en accomplissement légitime d'un vœu librement contracté. » Cette Lexeïa, qui rend ici
témoignage à la vertu curative des eaux thermales de Lez, était-elle une femme du pays, une
Aquitaine de race, comme l'indiquerait la physio-
nomie toute aquitaine de son nom qui rappelle, sous
une finale féminine, les noms aquitains de Silex
(à Lugdunum Convenarum et à Astensan, vallée
d'Aure), de Belex (à Monserié, vallée de la Neste),
de Bombelex (à Caubous, vallée d'Oueïl), de Har-
belex (à Basert, plaine de Valentine et à Caubous,
vallée d'Oueïl)? Il existe encore, au village de Saint-
Pé-d'Ardet, sur les croupes élevées que dominent
du côté du sud les crêtes déchirées du pic de Gar,
et qui dominent elles-mêmes la plaine alluvionale
de la Garonne, une inscription votive dédiée au
dieu local Artèhe par une Lexeïa, qui prend ici le
nom de fille d'Odanne (Odanni filia, 1).

La lecture de l'inscription votive que nous a
conservée le second des deux autels dont nous
avons parlé, est aussi certaine, à une lettre près,
que celle de l'inscription précédente, quoique le
petit monument, sur le bandeau duquel elle est
gravée, ait été maladroitement brisé en deux
endroits :

NYMPH
IVLIA
ᴵORTIF
PVLINA
V·S·L·M·

« Aux nymphes : Julia Pulina (Paulina ?), fille

---

(1) **LEXEIA || ODANNII || ARTEHE || V.S.L.M.**
Cette inscription que je reproduis d'après un
estampage fort exact qui ne me donne que la haste
de l'F après l'I d'Odanni, a été publiée plusieurs
fois, par MM. Dumège (Mém. de la Société arch. du
Midi, t. v., p. 92); Castillon (*Histoire des populations pyrénéennes*, p. 508); Morel (*Essai....*, p. 136).

de Hortus, a acquitté justement un vœu librement contracté. » Prononcé à la romaine, ce nom de Pulina (Paulina), dont l'étrangeté aura frappé nos lecteurs, devait ressembler d'assez près au nom de Paulina (Paoulina), qui doit être le vrai nom de la donatrice de notre petit autel, et l'on s'expliquerait, sans recourir même à l'oubli d'une lettre, qu'un lapicide du pic de Gar (car c'est de la petite ville de Saint-Béat et des montagnes de marbre blanc, rose ou gris, qui la dominent des deux côtés, que sortent tous ces petits monuments) ait pu altérer ainsi un nom assez commun par lui-même. Quant à la patrie de cette femme, nous serions tentés de croire qu'elle n'était pas elle-même étrangère au pays, ou qu'elle y avait fait un assez long séjour, si c'est à elle qu'appartient un autel votif dédié par une Julia Paulina à la cîme déifiée du mot Aüerann (Averanus), dont le dôme arrondi et les pelouses grisâtres, deboisés depuis des siècles, dominent tristement le nœud compliqué de chaînons et de hauts contreforts qui étranglent, entre Fos et Canéjan, la vallée de la Garonne (1).

(1) La conclusion à tirer de ces singulières affinités géographiques que ne nous offrent plus les inscriptions des eaux thermales de Luchon, fréquentées en majeure partie par des étrangers, par des gens de provinces ou de cités quelquefois très éloignées (*Cassia Touta segusiavia. — Clamosa civis Trevera*), serait que les eaux de Lez n'étaient guère pratiquées, à l'époque romaine comme aujourd'hui, que par des gens du voisinage, auxquels des raisons de commodité ou d'économie les faisaient préférer. Mais on comprendra que nous ayons hésité devant une assertion aussi absolue, sans autre fondement et sans autre garantie que le résultat de fouilles incomplètes et de recherches légèrement faites, sans doute. Autant vaudrait conclure de la proportion numérique des inscriptions de Lez et de celles de Luchon (nous en connaissons dix-sept ou dix-huit pour notre part, en nous bornant à celles

Sur le monument dont nous parlons, elle prend, il est vrai, le titre de fille de Sergius (Sergi f.); mais il faudrait n'être pas habitué, comme nous le sommes, à la légèreté et aux inexactitudes des copistes qui ont relevé la plupart des inscriptions des Pyrénées, pour ne pas regarder comme au moins possible une confusion entre deux noms (Sergi , Horti) qui se ressemblent par leur aspect général, par le nombre de leurs lettres , par la place de leur R et de leur I , et dont l'un , celui de Sergius , devait plaire beaucoup plus à l'oreille classique des épigraphistes locaux que le nom vulgaire et inconnu jusqu'ici de Hortus (2).

Au lieu d'adresser d'une manière vague le témoignage de sa reconnaissance aux nymphes salutaires de la montagne de Lez, comme le font Julia Paulina et Lexeïa , fille d'Odanne, c'est au Dieu de la source lui-même ou à la source déifiée, suivant les habitudes du paganisme antique, que s'adresse Caïus Sabinus, fils de Hortus, dans l'inscription suivante, conservée, comme celle qui précède, dans le vestibule de l'établissement actuel des bains. Elle est gravée aussi sur le champ d'un petit autel votif de marbre blanc (Saint-Béat), qui ressemble, à quelque différence de dimension près, aux deux autels que nous venons de faire cont.aître :

dont la provenance est certaine) que le nombre annuel des baigneurs de la vallée d'Aran était à celui de la vallée de Pique dans le rapport de 1 à 6.

(2) Voici cette inscription, telle que l'a donnée M. Dumège, dans ses *Monuments religieux des Volces Tectosages*, 1814, p. 312, sans indiquer où elle est aujourd'hui :

AVERANO || DEO || 1VLIA SERGIF || PAVLINA || V.S.L.M.

Je la trouve reproduite textuellement, sans autre indication, par M. Castillon (*Histoire des populations pyrénéennes*, 1re série, pl. 3), qui copie évidemment M. Dumège.

LEXI
DEO
C. SABI
HORTF   (1)

« Au Dieu Lex, Caïus Sabinus, fils de Hortus. »
Nos lecteurs se demanderont peut-être, comme
nous nous le sommes demandé nous-même, en
comparant et en rapprochant involontairement ces
deux petits monuments, que tant de choses rap-
prochent, depuis leur taille et leur forme extérieure
jusqu'à la disposition générale de leur légende,
jusqu'au caractère épigraphique de leur écriture,
s'il n'existait point quelque rapport intime entre
ce fils et cette fille de Hortus, venus dans le
même but, sinon dans le même temps, aux
eaux thermales de Lez, auxquelles l'un et l'autre rendent, sous un nom différent, le même témoignage ? Ce qui est indubitable au moins, et
ce qui suffirait pour donner une valeur toute par-
ticulière à la légende que nous publions ici, c'est
le nom de ce dieu Lex ou Lexis, inconnu jusqu'ici
dans le panthéon antique, et qui fait penser involontairement au nom du *vicus* gallo-romain, où a
été découvert le petit autel qui nous l'a conservé.
Ce n'est pas seulement un nom de plus à ajouter à
la liste déjà longue de ces génies locaux (*genius
loci*), de ces déités topiques dont se moquaient à
des titres divers, les Pères de l'Eglise et les philo-
sophes du IIe siècle. Il s'agit évidemment ici d'un
dieu d'un caractère particulier, d'un Dieu de
source thermale, analogue au dieu Lixo ou Ilixo des
inscriptions antiques de Luchon, au dieu Lixovius
ou Lissovius que nous ont révélé celles des eaux
thermales de Luxeuil, au dieu Borvo ou Bormo, que

(1) Les sigles finales ont été systématiquement
omises. Hauteur totale **21** c.; hauteur et largeur
du champ 11 c. sur 7 c.

celles de Bourbonne-les-Bains et de Bourbon-Lancy associent à une déesse Tamona , plus inconnue encore. N'avions-nous pas de raison de dire, en commençant, que nous pouvions nous passer ici de cet attirail de preuves accessoires que l'on invoque à défaut de mieux en pareille matière, et dont on se contente un peu complaisamment parfois? Ne retrouvons-nous pas sur des monuments plus positifs et plus incontestables que ne le serait un texte antique, non seulement la preuve de l'ancienneté des thermes de Lez et de l'efficacité que les médecins et les malades attribuaient à leurs eaux, mais le nom que portait déjà au IIe siècle le village où elles sourdent encore du pied de la montagne, et que tout le monde aura reconnu sous la forme latine et sous le manteau divin dont l'affuble le fils de Hortus ?

Puisque nous avons été amené, presque à notre insu, à porter la main *in rem alterius,* comme nous pourrions le dire sans métaphore, en parlant de M. l'abbé Greppo et des eaux thermales de la Gaule, qui lui appartiennent au meilleur de tous les titres, nous lui demanderons, en terminant, la permission de lui signaler encore quelques fragments épigraphiques recueillis cette automne à peu de distance des bains de Lez, dans les belles vallées de la région centrale des Pyrénées. Quoiqu'ils aient été découverts sur des points éloignés quelquefois les uns des autres, il nous est impossible de douter qu'ils ne proviennent tous des thermes antiques de Luchon, dont les débris et les monuments dédaignés pendant longtemps se trouvent dispersés un peu partout. S'ils n'ajoutent point, comme les inscriptions de Lez que nous venons de publier, un nom inconnu à la liste des eaux thermales de la Gaule et un chapitre à leur histoire, ils ont au moins le mérite d'être inédits comme elles et de se rattacher, par leur sujet comme par leur provenance, à l'histoire ancienne des eaux des Pyrénées que les Romains ont connues et exploitées longtemps avant nous.

Je reproduis de mémoire le fragment suivant que j'ai vu écrit en grosses lettres dans le procès-verbal et l'inventaire des fouilles de l'année 1764, rédigé par ordre des consuls de la ville de Luchon (1) :

. . . .

ANCILLA
V S L M .

Nous n'avons évidemment ici que la *clausula* d'une inscription votive dédiée aux nymphes, par une femme, dont le nom nous serait inconnu s'il était démontré que le mot Ancilla ne soit point et ne puisse pas être un nom propre.

Cet autre fragment se réduit au contraire à deux lignes initiales gravées sur un petit autel mutilé, qui n'aurait pas un grand intérêt pour nous s'il ne nous apprenait, une fois de plus, que le dieu de la source thermale portait indifféremment le nom de Ilixo ou de Lixo :

DEO
ᵀI XO   (2)

(1) Ce document, qui n'est pas sans intérêt pour l'histoire des thermes luchonnais, est aujourd'hui entre les mains de **M.** Chambert, l'architecte de l'établissement actuel. Malgré les précautions prises par les magistrats municipaux dans l'énumération et la description de ces divers monuments, et les recommandations sévères faites à ce sujet à l'architecte des fouilles, auquel ils les confient sous sa responsabilité personnelle, ce petit musée local, si intéressant pour la ville, était détruit quelques années plus tard, et ses débris, dispersés dans les musées des villes voisines, à Auch et à Toulouse, par exemple, ou perdus sans retour.

(2) Ce fragment fait aujourd'hui partie de la collection épigraphique de **M.** Victor Cazes, à Saint-Bertrand.

Il est à peu près certain, en effet, par la disposition générale de l'inscription, comme par la place et l'espacement des lettres de la seconde ligne, qu'il faudrait, pour restituer le nom du dieu, rétablir un *i* et un *l* devant la partie conservée du mot IXO et lire ILIXONI, comme on le lisait, à ce qu'il paraît, sur le marbre aujourd'hui perdu de Fabia Fausta (1).

Tout est clair et complet, au contraire, dans la belle inscription suivante, que nous reproduisons textuellement, parce que le nom du dieu local se présente ici sous la forme la plus rapprochée de celle du nom moderne du *vicus*. Elle manque d'ailleurs à la liste des inscriptions de Luchon, publiée par M. Greppo, comme à tous les recueils épigraphiques que nous avons pu consulter, et en la supposant publiée, nous aurions encore le mérite de pouvoir garantir la lecture que nous en donnons, nous étant imposé la loi, ici comme ailleurs, de ne publier aucun texte épigraphique que sur un ou deux estampages comparés lettre à lettre avec la gravure de la pierre elle-même.

DEO
LIXONI
FLAVIA RVFI
F PAULINA
V S L M (2)

« Au dieu Lixo : Flavia Paulina, fille de Rufus, a acquitté justement ce vœu librement formé. » Le petit autel, en marbre de Saint-Béat, sur lequel

----

(1) Voir à ce sujet le témoignage de M. Chaudruc de Crazannes et de M. Dumège, cités par M. l'abbé Greppo : *Loc. cit. aquæ Onesiæ*, p. 59, sqq.

(2) Hauteur totale du monument, 23 centimètres ; hauteur et largeur du champ de l'inscription, 13 centimètres sur 11 1/2.

est gravée cette inscription d'une conservation et d'une élégance remarquables, a été recueilli au village de Baren , s'il faut en croire M. Victor Cazes, auquel il a appartenu, à peu de distance, par conséquent, des thermes antiques de Luchon, d'où il provient incontestablement. Il est placé aujourd'hui sous une petite niche pratiquée dans le linteau de la porte de l'établissement actuel des bains, dont il rappelle, dès les premiers pas, l'antiquité et la splendeur passée (1).

C'est au petit village de Castillon, dans la vallée de l'Arbouste, qu'a été découvert le dernier des autels que nous publions. Mais comme il n'existe point, à notre connaissance, de source thermale dans cette vallée, il est au moins vraisemblable qu'il provient lui-même des thermes voisins de Luchon, dont il rappelle les petits autels votifs , dédiés indifféremment au dieu Lixo ou aux nymphes :

NYMPHIS
C. VALE
L · SEVERI
V. S. L. M.   (2)

(1) Le nom de Luchon est traduit aussi exactement qu'il peut l'être en latin, dans cette appellation de *Lixo*, *Lixon-is*, que nous ont conservé, en l'altérant diversement (*Lixo*, *Ilixo*) trois monuments antiques, puisque les Romains ne possédaient ni le son celtique de l'*u* qu'ils remplacaient par l'*I*, ni celui de notre *ch*, qu'ils traduisaient par *X*. On pourrait en dire autant du nom divin de Lex ou Lex-is, qui devait répondre à un mot intermédiaire entre celui de Lez et celui de Lech. Faudrait-il généraliser cette observation et ne voir que des finales en *ech* dans ces nombreux noms propres terminés en *lex*, que nous avons cités plus haut ?

(2) Cabinet de M. Victor Cazes, à St-Bertrand : 32 cent. de hauteur totale ; dans le champ, 12 cent. sur 10.

« Aux nymphes (salutaires ou bienfaisantes) de Caïus Valérius et de Lucius Severus, en accomplissement légitime d'un vœu librement formé. »

Quelque sincères que doivent nous paraître ces attestations d'efficacité, délivrées sous la forme sacramentelle d'ex-voto et de dédicaces, par des juges aussi désintéressés à coup sûr que les médecins de nos eaux actuelles, auxquels ce soin semble souvent dévolu aujourd'hui, ce serait aller trop loin que d'en conclure que l'on ne sortait des bras des nymphes que fortifié et ravivé pour de longues années. Au lieu de ces guérisons inespérées, de ces cures merveilleuses et radicales : *Pro salute Lexeiæ*; *pro salute suâ*, *pro salute sua et suorum* (Passim), qu'enregistraient sur le marbre les lapicides des carrières de Gar (1), beaucoup de malades ne rapportaient de leurs breuvages quotidiens, de leurs ablutions obstinées, que des effets douteux, que des attermoiements ou des mécomptes dont l'expression peu flatteuse ne se grave point sur le marbre. Les Parques elles-mêmes, les Parques à la main cruelle, comme on disait encore dans la langue poétique du temps, dans celle même de l'épigraphie, se glissaient de temps en temps dans le chœur des nymphes salutaires que les baigneuses crédules voyaient sortir la nuit de leurs grottes humides pour nouer, dans la brume des prairies, leurs danses ondoyantes, et l'on a retrouvé plus d'une fois, dans les substructions des bains antiques, de véritables inscriptions tumulaires, dont le ton, simple et pénétré comme le sentiment qui les inspirait, forme un singulier contraste avec les cris de joie et les hymnes de reconnaissance que nous venons d'enregistrer.

(1) Je suis tenté de croire que quelques-uns d'entre eux s'établissaient pendant la saison des eaux aux environs des bains, où ils étaient assurés de trouver de l'ouvrage.

ITV...
TONIAEHE
RMIONEN
IS·FIL AN
XXI (1)

« Aux dieux mânes de Titullia Antonia , fille d'Hermione , (âgée de) XXI ans. »

Les monuments funéraires de la famille |Titullia Antonia sont si multipliés dans la partie centrale de la vallée de l'Arbouste , voisine, comme on le sait, de celle de Luchon, qu'il ne serait pas impossible que la jeune Titullia, moissonnée ainsi à la fleur de son âge, dans le lieu même où tant d'autres retrouvaient la force et la santé, ne fût elle-même une fille des montagnes, la sœur des nymphes en même temps que leur victime, comme dirait un poète de l'anthologie (2).

(2) Tout est si simple ici que l'on peut essayer , sans trop de témérité, de combler les lacunes que nous offre ce marbre mutilé :

D . M
TITVL · AN
TONIAE . HE
RMIONEN
IS . FIL . AN
XXI.

Il a été découvert, il y a quelques années , en jetant les fondations de l'établissement actuel , et il figure aujourd'hui (1856) dans la petite collection de fragments et de débris qu'en a retirés M. Chambert. — Hauteur du fragment 19 centimètres sur 12·

(1) Voir au hameau de Billière, dépendant du village de Cazeaux, un Titullius Antonius et son fils Antonianus; au village de Garin, d'où ce marbre a disparu, une Titullia Antonia , femme de G. Montin ?... Pompéius (de Castellane, notice sur

l'Eglise de Saint-Aventin, mém. de la soc. arch. du Midi, t. 1. p. 249); à Saint-Aventin, une Titullia Antonia, fille de Valéria Hermione qui dédie, en son nom cette fois, un monument à ses mânes ; D.M || VALHERM || IONETITVL || ANTONIAE || FIL'KARIS || SIME (*Ex schedis meis. haut. totale*, 37 centimètres). Faudrait-il conclure de cette singulière similitude de noms sur les deux monuments, que la jeune Titullia était morte à Lixo , loin de sa mère, et avait été enterrée par des parents ou des amis ? Les deux inscriptions tumulaires sont gravées, chose assez bizarre encore , sur deux véritables autels votifs que l'on trouvait sans doute aux environs des bains tout prêts à être employés. L'écriture, quoique assez dissemblable de l'un à l'autre, indiquerait des deux côtés le commencement du IIIe siècle. Le nom d'Hermione, estropié ou plutôt *aquitanisé* (Hermionen) sur le marbre de Luchon, est écrit comme il devait l'être sur celui de Saint-Aventin.

Imp. de Bonnal et Gibrac, rue Saint-Rome, 46.